AF337553

ARCHÉOLOGIE PRÉHISTORIQUE

NOTE

SUR LES

SILEX ET LES QUARTZITES PALÉOLITHIQUES

DE TÉDRY (Haute-Saône)

PAR

Alfred MILLIARD

VESOUL

IMPRIMERIE DE A. SUCHAUX

1890

ARCHÉOLOGIE PRÉHISTORIQUE

NOTE

SUR LES

SILEX ET LES QUARTZITES PALÉOLITHIQUES

DE FÉDRY (Haute-Saône)

PAR

Alfred MILLIARD

VESOUL

IMPRIMERIE DE A. SUCHAUX

1890

LES

SILEX ET LES QUARTZITES PALÉOLITHIQUES

DE FÉDRY

Dans une précédente notice sur les stations néolithiques qui existent sur le territoire de Fédry, j'ai signalé la présence de quelques objets paléolithiques mêlés aux outils et aux armes de la pierre polie.

Depuis, j'ai continué mes recherches, et je suis arrivé à rassembler un nombre relativement considérable de ces instruments, si l'on tient compte de l'étendue assez restreinte du terrain sur lequel ils se rencontrent.

Ces antiques débris de l'industrie humaine sont, pour la plupart, en quartzite, et ont été détachés de cailloux roulés provenant probablement de la Saône, qui est voisine. On voit encore sur presque tous une portion plus ou moins importante de la surface polie par le charriage des eaux. D'autres, un peu moins nombreux, sont en silex, dont le gisement inconnu devait être éloigné d'au moins plusieurs lieues. Quelques-uns, deux ou trois seulement, ont été taillés dans des chailles siliceuses semblables à celles que l'on trouve éparses sur le sol, un peu partout, autour de Fédry.

Tous ces instruments présentent les caractères qui sont particuliers aux époques de Chelles et du Moustier.

Ceux que l'on peut rapporter à la première sont très rares ; jusqu'à ce jour, je n'en ai recueilli que huit échantillons. Ce sont :

1° Un coup de poing, taillé d'un seul côté, dans un caillou

roulé de quartzite ; l'autre côté et le talon sont formés par la surface elle-même du caillou.

2° Un second coup de poing, taillé sur les deux faces, dans une chaille. Une portion de la chaille laissée intacte tient lieu de talon. (Pl. 1, fig. 2.)

3° Trois haches en quartzite, taillées en amande. Les trois ont la pointe cassée, et ont conservé à la base une petite partie polie du caillou roulé dans lequel elles sont fabriquées.

4° Un instrument, taillé sur les deux faces, dans une chaille, forme ovale.

5° Une hachette entière, taillée sur les deux côtés, trapue et triangulaire, en quartzite brun. (Pl. 1, fig. 1.)

6° Enfin, une belle hache, peu épaisse, parfaitement taillée sur les deux faces, dans une chaille. Un éclat enlevé anciennement a fait disparaître la plus grande partie du talon, dont il ne reste plus qu'une bande étroite. (Pl. 1, fig. 3.)

Ces huit instruments, d'une longueur variant entre 4 et 11 centimètres, ont bien la forme chelléenne, mais il serait peut-être hasardeux d'affirmer qu'ils remontent jusqu'à ce temps reculé. Provenant de la surface du sol, où ils sont mêlés à des outils moustériens beaucoup plus nombreux, ils peuvent aussi bien appartenir à l'industrie de cette dernière époque qu'à celle qui lui a précédé. On sait, en effet, que celles-ci empiètent toujours l'une sur l'autre, et que, lorsqu'un nouvel outillage apparaît, celui qui était en usage avant lui ne cesse pas pour cela tout à coup d'exister. Les formes anciennes continuent encore, en devenant de plus en plus rares à mesure que les nouvelles augmentent, jusqu'à ce qu'elles disparaissent tout à fait après un certain temps.

C'est probablement ce qui a eu lieu à Fédry.

Je n'insiste donc pas plus longtemps sur la présence, en certains points de notre sol, de ces rares outils, et je passe immédiatement aux instruments moustériens.

Ceux-ci, comme je l'ai dit, sont beaucoup plus abondants que les premiers. Je les ai recueillis çà et là, aux abords des sommets des deux massifs de collines dont est formée la bonne moitié du territoire de Fédry.

Ordinairement isolés, ils paraissent cependant être de plus en plus communs, à mesure que l'on se rapproche du centre des stations où s'établirent plus tard les hommes néolithiques.

J'ai remarqué aussi que, quel que soit l'endroit où on les rencontre, cela a toujours lieu à une certaine hauteur, sur les coteaux, et jamais plus bas. Au-dessous de la côte 240, je n'en ai trouvé qu'un seul dans un ravin, où il avait fort bien pu être entraîné sur les pentes par les eaux des pluies.

Jusqu'à ce jour, j'ai retrouvé quatre-vingt-cinq de ces instruments, dont quatorze sur des points très éloignés l'un de l'autre. En voici le détail :

1 pointe retaillée, En-Bichevaux. (Pl. 1, fig. 9.)
1   —   Sur-la-Lenère ;
1   —   Haut-de-Charmey ;
5 pointes retaillées, (Pl. 1, fig. 8.) ⎫
1 pointe non retaillée,   ⎬ Aux-Charmonnots ;
2 éclats.   ⎭
1 pointe retaillée,   ⎫
1 grattoir,   ⎬ Aux-Chânois.
1 lame retaillée. (Pl. 1, fig. 11.) ⎭

Je ne fais que mentionner ces quatorze éclats, pointes ou grattoir ; vu leur isolement, il est difficile d'établir une conjecture quelconque sur leur rencontre. Ils sont tous en silex, et quelques-uns d'eux sont très remarquables par la perfection de leurs retouches, spécialement la pointe provenant des Bichevaux.

Les soixante-onze autres peuvent se diviser en deux catégories.

1° Ceux en silex, qui sont : quatre lames, deux éclats ronds, douze pointes non retaillées, quatre pointes retaillées (pl. 1, fig. 10), une sorte de poinçon.

2° Ceux en quartzite, se divisant en : quatorze lames, onze pointes entières (pl. 1, fig. 4 et 5), trois pointes avec sommet carré, cassé, une pointe retaillée (pl. 1, fig. 6), quatorze éclats, forme grattoir, un grattoir retaillé (pl. 1, fig. 7), quatre sortes de poinçons.

Ces soixante-onze derniers objets, sans exception, ont été recueillis près des *Billiardes*, sur la pente tournée vers le nord-ouest de la *Combe Vairon*, entre les deux courbes de niveau 250 et 260, et surtout autour d'un point assez restreint où ceux en quartzite principalement se rencontrent en plus grand nombre.

On les retrouve à cette place, après les labours, dans une argile très grasse que le fer de la charrue ramène au-dessus de la terre végétale, qui n'a que peu d'épaisseur.

Serait-ce là l'emplacement d'une station moustérienne ? Sa position sur les bords d'un plateau que les eaux, alors en décroissance, des grands cours d'eau de ce temps ne recouvraient plus, ainsi que la configuration générale des lieux, semblent, même après examen, faire pencher les probabilités de ce côté.

Quoi qu'il en soit, tous les instruments dont je viens de parler, bien qu'étant souvent mêlés aux pointes à ailerons et aux haches polies, sont certainement d'une époque très antérieure à celle que caractérisent ces derniers objets.

La patine profonde qui les recouvre presque toujours quand ils sont en silex, l'usure de leurs angles quand ils sont en quartzite, la taille généralement grossière de ces derniers, qui n'a aucun rapport avec le travail perfectionné des âges postérieurs et surtout du Robenhausien ; enfin, le niveau élevé, toujours constant, où on les rencontre : tout me paraît suffisant pour permettre d'avancer que la plus grande partie de ces objets, outils ou armes, sont bien, comme leur forme l'indique, contemporains de l'homme du Moustier, que celui-ci ait d'ailleurs stationné plus ou moins longtemps sur notre coin de terre, ou qu'il n'ait fait seulement qu'y passer.

ALFRED MILLIARD.

EXPLICATION DE LA PLANCHE I

Nota. — Tous les objets sont figurés de grandeur réelle.

Fig. 1. — Hachette du type de Chelles, trapue, presque triangulaire, en quartzite très brun. Le talon se voit en *a. b.*

Fig. 2. — Hache du même type, taillée dans une sorte de chaille. On voit une partie du talon en *g. h.* Il se compose de la croûte de la chaille qui a été conservée.

Fig. 3. — Belle hache, type chelléen, taillée dans une chaille. Le talon *l. m.*, dont on ne voit ici que le bord, est sur le côté opposé. Un éclat, enlevé d'ancienne date, n'en a laissé qu'une bande étroite.

Fig. 4, 5 et 6. — Trois pointes, type du Moustier ; les deux premières sans retouches, la troisième retaillée à petits éclats. Ces trois instruments ont, sur la face non visible, la cassure unie et le bulbe de percussion. Ils sont en quartzite ; 4 et 5 en quartzite blond, et 6 en quartzite très brun. L'outil n° 4 a conservé plus des deux tiers de la surface roulée du caillou dans lequel il a été taillé. Toute la partie *c. d. f.* en est formée.

Fig. 7. — Beau grattoir, type du Moustier, en quartzite très brun, retaillé de *n.* en *o.*

Fig. 8. — Beau type de pointe du Moustier, en silex, retaillée de *p.* en *q.*

Fig. 9. — Magnifique pointe du Moustier, en silex, retaillée très finement sur presque tout son pourtour, la pointe en est un peu cassée.

Fig. 10. — Pointe du Moustier, en silex, retaillée sur le côté gauche. Le bulbe de percussion est sur la face non reproduite.

Fig. 11. — Couteau du Moustier, en silex, retaillé de *r.* en *s.*

Les quatre derniers outils sont recouverts d'une belle patine blanche ; le n° 9 est, de plus, recouvert de concrétions ferrugineuses.

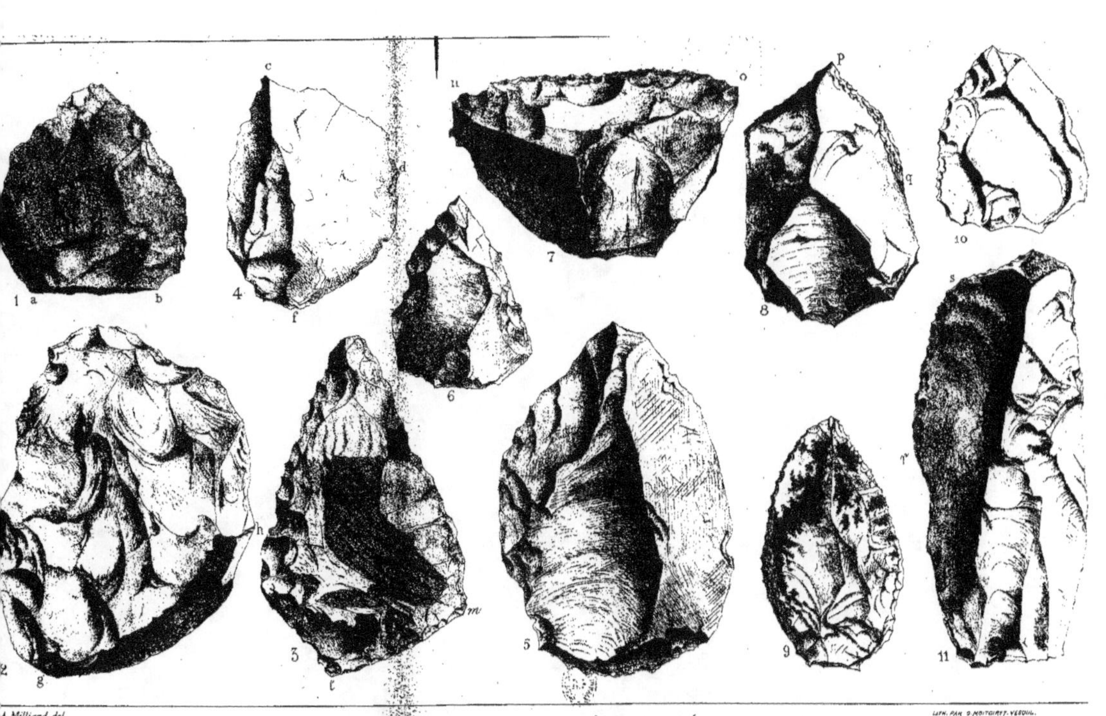

A. Milliard, del.

SILEX ET QUARTZITES TAILLÉS DE FÉDRY (Haute-Saône)